J.-B. Maugérard :
Liste des livres et manuscrits,
que le Citoyen Maugérard,
Commissaire des Sciences et Arts,
a choisis pour la Bibliothèque
nationale de Paris. 1802

herausgegeben von Norbert Flörken
Bonn 2022

Rechtschreibung und Zeichensetzung der Vorlage sind beibehalten worden (z. B. -oi- stat -ai-, oder -mens statt -ments) ; gegebenenfalls sind Namen in der modernen Schreibweise hinzugefügt worden. Die Punkte hinter den einfachen Zahlen, z. B. den Jahreszahlen, sind weggelassen worden. Die Texte der historischen Vorlagen stehen in dieser Serifenschrift, Zusätze und Ergänzungen des Bearbeiters oder der Moderne in dieser serifenlosen Schrift oder in [ ]. Die Klammern der Vorlage ( ) sind durch { } oder – – ersetzt worden. Streichungen des Herausgebers stehen in ( ); Anmerkungen des Verfassers stehen in « ». Beim Seitenwechsel wurde die anfallende Trennung aufgehoben. Die häufigen Sperrungen bei Eigennamen oder Ortsnamen wurden nicht übernommen. Die Angaben zu Personen, Orten oder Sachen sind dem Portal Wikipedia entnommen.

Impressum
Bibliographische Information der Deutschen Nationalbibliothek: Die Deutsche Nationalbibliothek verzeichnet diese Publikation in der Deutschen Nationalbibliographie, detaillierte bibliographische Daten sind im Internet über http://dnb.dnb.de abrufbar.
© 2022 Norbert Flörken
Herstellung und Verlag:
BoD – Books on Demand, Norderstedt
ISBN 9783756202416

Inhalt

«Liste der Bücher und Handschriften, die der Bürger [Jean-Baptiste] Maugérard, Kommissar für Wissenschaft und Kunst, ausgewählt hat für die Nationalbibliothek [in Paris].»

Einleitung

RAUBKUNST oder BEUTEKUNST: Nicht anders kann man den Vorgang nennen, der sich in den u.a. Listen niederschlägt. Nach dem Frieden von Lunéville 1801 reist der Abbé Jean-Baptiste Maugérard[1] OSB (1735-1815) im August des folgenden Jahres – als *Commissaire du Gouvernement pour la recherche des sciences et arts dans le quatre départements du Rhin*[2] – durch die Bibliotheken des linken Rheinufers mit dem Auftrag, *diplômes, chartes, bulles, manuscrits, éditions primes etc*. für Paris zu sammeln. Und so bedient er sich ungeniert an den zum Teil wertvollen alten Beständen der Museen, Archive und Bibliotheken zwischen Aachen/Köln/Trier, z. B. des Klosters Maria Laach, und verschleppt sie in die Zentrale nach Paris, das ja für die vier neuen Departements die neue Hauptstadt ist. Immerhin stellt Maugérard ordentliche Listen zusammen, die nunmehr eine Zuordnung erlauben.

In Paris wird in der *Bibliothèque nationale* ein *Fonds Maugérard* gebildet, der die geraubten Stücke aufnimmt, „einer der glänzendsten Bestände des dortigen *Cabinet des manuscrits*" (Traube/Ehwald, 1904, S. 317). Die neuen Herren in Paris waren eben der Meinung, dass alle diese Kunstschätze aus den – vermeintlich – dunklen Verliesen des *ancien régime* an die helle Öffentlichkeit eines Pariser Weltmuseums, und damit der Menschheit allgemein, geholt werden müssten. Man wird aber nicht fehlgehen, wenn man annimmt, dass bei dieser „Verlagerung" einiges in private Hände gelangt und damit der Allgemeinheit entzogen worden ist.

Schon im Jahre 1794 hatte eine vierköpfige *Commission temporaire des arts* die Rheinlande heimgesucht und z.B. aus dem Kölner Jesuitenkolleg vier Wagenladungen von Büchern abgeschleppt. Und im Herbst 1796 hatte der deutsche Anton Keil,

---

[1] Zur Person siehe https://blog-fbg.uni-erfurt.de/2020/07/jean-baptiste-maugerard-erbaermlicher-geschaeftemacher-oder-versierter-handschriften-kenner/.

[2] Die Bestallung erfolgte am 8. Thermidor an X = 27.07.1802, mit einem Jahresgehalt von 6.000 Francs.

Commissaire de gouvernement français chargé de recueillir les objets d'art et de sciences dans les pays conquis d'Allemagne, in Trier, Bonn, Koblenz, Aachen und Köln gewütet; in Bonn bemächtigte er sich der Naturaliensammlung des Schlosses und der Universitätbibliothek. Ihre Bestände wurden teils nach Paris gebracht, teil verkauft.

Im August 1802 begann Maugérard seine „verhängnisvolle Tätigkeit" (Vollmer, 1937, S. 120). Der Bonner Arzt und Sammler Crevelt berichtet 1815 in einem Brief:

> Eben dieser Mönch war vor etwa 9 bis 10 Jahren wieder hier in Bonn, er gab vor, vom Gouvernement den Auftrag zu haben, alle seltenen von den ehemaligen Klöstern vorfindlichen Werke wegzunehmen und nach Paris zu schicken.

In dem Bibliothekar Krupp der Centralschule, eine Zeitlang Nachfolgerin der Universität, fand Maugérard dann einen willigen Helfer, der ihm die Bestände, u.a. aus der aufgelösten Abtei Maria Laach (siehe Seite 19), herausrückte. In Köln stiess er allerdings bei dem Bibliothekar von Schoenebeck und dem Canonicus Wallraf auf Widerstand; gerademal 10 Bücher und Handschriften konnte er aus Köln wegführen. Aus dem übrigen Roer-Departement fielen 235 Titel in seine Hände: *Livres que j'ai choisi dans les bibliothèques des differentes corporations du departement de la Roer* (siehe Seite 35). Zugeschlagen hat Maugerard zudem in Trier, Prüm, Krefeld, Geldern, Aachen, Mainz, Kleve, Metz, Luxemburg und Echternach (siehe Abbildung 3).

Im Jahre 1815, nach dem Ende der Napoleonischen Epoche, fordern die Deutschen die Bücher und Handschriften zurück[3]. Noch im Vormarsch auf Paris im Juli 1815 fordern die preussischen Truppen die zuständigen französischen Beamten auf, die gestohlenen Gegenstände herauszurücken. Vor allem der junge preussische Offizier Eberhard von Groote, aus alter Kölner Familie, setzte sich mit Hilfe der preussischen Armee energisch für die Rückführung – vor allem der kölnischen Stücke – ein.

---

[3] Das folgende nach (Braubach, 1974).

Eberhard von Groote hat sich [am 27.08.1815] bitter darüber geklagt, daß alle Nachforschungen nach Manuskripten, Büchern, Altertümern, Waffen, Münzen, geschnittenen Steinen, Mineralien und dergleichen vergebens gewesen seien: „Nirgends war davon eine Spur zu entdecken". Immer wieder stieß man auf die Behauptung der französischen Konservatoren und Bibliothekare, „daß alles, was von solchen Gegenständen in den rheinischen Provinzen geraubt worden sei, teils von untreuen Kommissären unterschlagen, was aber nach Paris gekommen, ohne Verzeichnis, ohne Aufsicht und Ordnung in 12 großen Depots niedergelegt worden sei, daß dann an die Bibliothekare, Konservatoren usw. der öffentlichen Sammlungen in den Departements die Aufforderung ergangen, in jenen Depots nach Lust und Laune zu wählen und zu nehmen, was ihnen gefiel, und daß, nachdem dies lange genug geschehen, der Rest öffentlich verkauft worden sei.[4]

Doch immerhin wurden am 13.09.1815 zahlreiche Urkunden von Paris aus zurückgeschickt : 90 Urkunden aus Aachen, 136 aus Trier und Prüm, 20 Urkunden aus Kölner Klöstern, 20 Bullen und 8 weitere Diplome aus Köln. Auch Jakob Grimm bringt einiges nach Deutschland zurück : Bestände aus Blankenheim, Kleve und rheinischen Klöstern. Nach (Braubach, 1974, S. 143) war das Ergebnis der Rückführungsaktionen "recht beachtlich".

---

[4] (Braubach, 1974, S. 138).

1802 J.-B. Maugérard: »Livres imprimés choisis pour la Bibliothèque Nationale«[5]

Livres imprimés par moi choisis dans les dépôts des corporations du Départ[ement] de Rhin et Moselle, en encaissés – l'une des caisses est à Coblenz chez M[onsieu]r le Directeur des Domaines, l'autre à l'école centrale de Bonn entre les mains de Mr. Krupp Bibliothécaire.

Coblenz 16. Priarial an 11

Gedruckte Bücher, ausgewählt von mir in den Beständen der Behörden des Departements Rhein-Mosel, in Koblenz bei dem Herrn Direktor der Domänen, in der Zentralschule von Bonn in den Händen des Bibliothekars Herrn Krupp[6].

Koblenz, den 04. Juni 1802

#	Autor	Titel	Jahr	Ort	Drucker	Jahr	Ort	Drucker
302	[Francisci] Phidelphi[7]	Dicteriarum plutaresi ad Trajanum						
329	[Jean] Gerson	Conclusiones de diversis materiis						
334	[Jean] Gerson	de cognitione castitatis						
333	[Jean] Gerson	de modo vivendi fidelium						
332	[Jean] Gerson	de passionibus animae						
330	[Jean] Gerson	de pollutione nocturna	1468					
281	[Johannes de] Turrecremata[8]	in psalmos		Mainz	Schiffer			
319	[Johannes de] Turrecremata	in psalmos[9]	1478	Mainz	Schiffer			
315	[Johannes de] Turrecremata	de efficacia aquae benedictae						
289	[Thomas de Cantiprato[10]]	Liber apum qui dicitur bonum universale	1474?					
345	Adriani carthusiensis	Liber de remediis utriusque fortunae		[Köln]	Zel			Zell
349	Alames[11] de Insulis	Flores poetarum de virtutibus et vitiis						
284	Alberti Magni	Liber de mirabilibus mundi	1476?					

322	Alberti Magni	Paradisus animae	1474					
269	Alberti Magni	Sermones de eucharistiae sacramento	1478		Guldenschaff			
268	Alberti Magni	Summa de corpore Christi	1478		Guldenschaff			
273	Albertus Magnus	de adhaerendo deo						
282	Bartholomaei Pisani	Summe decretorum	1474					
175	Boetii	de consolatione philosophiae libri ...						
258	Bonifacii VIII.	[Liber] Sextus decretalium	1476	Basel	Venster			Wenßler
259	Clementis V.	Constitutiones	1478	Basel	Venster	1486		Wenßler
353	Francisci de Insulis	determinatio de tempore adventus antichristi ..	1478	Köln				
279	Francisci de Platea	Opere de restitutionibus/Opus restitutionum ...	1473	Venedig			Padua	Achates
308	Gregorii papae et Origenis	Homilia	1575					
266	Guidonis de monte Rocherii	Manipulus curatorum	1470?					
272	Henrici de Gorinchem	Tractatus de praedestinatione	1474		Conrad Eyner de Gerhusen			Feyner
296	Innocentii III.	Sermones						
257	Isidori Hispalensis [von Sevilla]	Etimologiarum libri cum figuris	1470?			1472	Augsburg	Zainer
288	Jacobi Carthusiensis	Sermones	1472				Speyer	
271	Jacobi de Voragine	Legenda aurea sanctorum			in # 255			
270	Jacobi de Voragine	Legenda aurea sanctorum		Köln	Ulrich Zel de Hanau	1483		Zell
310	Jacobi fusiquam[?]	Liber artis praedicationis		Köln	Bar-thol[omaeus] de Unckel			
276	Jacobus Carthusiensis	de valore et utilitate missarum				1490	Heidelberg	Knoblochtzer

---

5 Autograph, Fundstelle: ULB Bonn, Signatur S 835; urn:nbn:de:hbz:5:1-62678; alphabetisch sortiert. Die Großschreibung der Transkription folgt dem heutigen Standard-Latein, d.h. nur Eigennamen und Satzanfänge sind groß geschrieben. Die handschriftliche Vorlage ist uneinheitlich: Namen werden groß und klein geschrieben, Sachen werden oft groß geschrieben.

6 Zu seiner Person siehe (Braubach, 1974, S. 102).

7 Franciscus Phidelphus = Francesco Filelfo

8 Johannes de Turrecremata = Juan de Torquemada

9 Siehe Abbildung 1.

10 Thomas de Cantiprato = Thomas von Cantimpré

11 Alames de Insulis = Alanus ab Insulis = Alain de Lille

320	Jacobus de Clusa car-thusiensis	Tractatus de reparatione	1475	Burgdorf				
354	Joannis Mathiae Tybe-rini[12]	Relatio de aliquo infante occiso a Judaeis in civitate Tridento	1475					
356	Joannis Neder	Consolatorium timoratae conscientiae	1467	[Köln]	Zel			Zell
260	Justiniani	Institutiones	1478	Basel	Venster			Wenßler
361	Ladislai Vetesii	Oratio ad Sixtum IV. pro praestanda oboedientiae ...	1475			1475	Rom	Schurener
311	Leonardi de retius[?]	Sermones de sanctis	1473	Köln	Zel			Zell
331	Lilius Tifernas	in sermones s. Chrysostomi						
275	Lilius Tifernas	in sermones s. Chrysostomi						
256	Ludolphus Saxo	de vita Christi	1474	Köln	Golz			Götz
255	Ludolphus Saxo	de vita Christi	1474					
303	Maximiani	Philosophi et oratbris ethica suavis et jucunda	1474					
278	Paulus Burg[ensis]	Scrutinium scripturarum	1478	Mainz	Schiffer			
292	Petri Comestoris	Historia scholastica		Köln	Zel			Zell
357	Petrus Blesensis	de amicitia christiana		[Köln]	Zel			Zell
368	Petrus Hispani	Summa grammaticalis	1474	Köln	Guldenschaff			
344	Pii II.	Bulla retractionum		[Köln]	Zel			Zell
295	Roberti[13] de Litio	Sermones quadragesimales	1473	Köln	Zel			Zell
336	s. Augustini	de agone christiano		[Köln]	Zel			Zell
340	s. Augustini	de disciplina christiana		[Köln]	Zel			Zell
300	s. Augustini	de mirabilibus s. scripturae	1472		Petrus de Os[?]			
261	s. Augustini	Epistolae			Mentel			
338	s. Augustini	in orationem dominicam		[Köln]	Zel			Zell
337	s. Augustini	in: Quis est homo, qui vult vitam		[Köln]	Zel			Zell
339	s. Augustini	Liber de spiritu et littera						
314	s. Augustini	Liber qui vocatur: Quinquaginta Augusta	1475					
342	s. Augustini	Sermo de futura resurrectione mortuorum						
341	s. Augustini	Sermo in: Non potest filus a se quidquam ...						
299	s. Chrysostomi	de compunctione cordis		Köln	Zel			Zell
346	s. Chrysostomi	Homilia 21	1479	Köln				
298	s. Chrysostomi	Sermones 25		Köln	Zel			Zell
297	s. Gregorii	Dialogorum libri IV		Köln	Zel			Zell
312	s. Gregorii	Homilia	1473					
296	s. Gregorii	in cantica canticorum		Köln	Zel			Zell
283	s. Gregorii papae	Dialogorum libri IV	1472?	Köln	Ulrich Zel			Zell

---

[12] Joannes Mathias Tyberinus = Johannes Matthias Tiberinus.

[13] Robertus de Litio = Roberto Caraccioli von Lecce.

316	s. Isidorus	de responsione mundi et astrorum ordinatinoe	1472		Gunther Zainer de Reutlingen				
277	s. Serylli/Cyrilli	Speculum sapientiae				1476	Köln		
363	s. Thomae [Aquinas]	de articulis fidei et ecclesiae sacramentis	1475						
294	s. Thomae [Aquinas]	Disputationes de malo		Köln	Therhoernen				
304	s. Thomae [Aquinas]	Libri de rege et regno							
274	s. Thomae [Aquinas]	Postilla in Job	1474		Conrad Eyner			Esslingen	Feyner
293	s. Thomae [Aquinas]	Quodlibeta	1471	Köln	Therhoernen				
305	s. Thomae [Aquinas]	Tractatus de ludaeorum et Christianorum communione	1470?						
267	Verneri Rolevinck	Fasciculus temporum sive chronium	1474	[Köln]	Golz				Götz
291	Verneri Rolevinck	Paradisus	1475	Köln	Therhoernen				
350	Verneri Rolevinck	Sermo capitularis de s. Benedicto	1476						
348	Verneri Rolevinck	Tractatus de fraterna correctione							
286		Authoritates vet[eres] et novi testamenti a s.	1473	Köln	Therhoernen				
370		Centum Ptolemaei sententiae ad Syrum fratrem	1519						
351		de indulgentiis et miraculis ...							
327		de origine nobilitatis		Köln	Therhoernen				
328		de s. sacramento et valore missarum	1470	Köln	Therhoernen				
290		Dialogus de libertate ecclesiastica	1477						
326		Disputatio inter clericum et militem de potestate ...							
352		Disputatio s. trinitatis re redemptione ...							
287		Enchyridion s. Augustini	1470?						
313		Evangelium Nicodemi	1473						
321		Flores collecti ex opere s. Augustini de civitate Die	1475?						
343		Folilogium s. Thomas, An liceat uti judiciis ...							
358		Legenda, miracula .. s. Goaris	1489	Mainz	Schiffer				
335		Lexicon latino germanicum	1482						
325		Libellus de regimine rusticorum	1470?	Köln	Therhoernen				
369		Libellus et regimina rusticorum	1475?						
347		Liber de s. sacramento et valore missarum ...	1479	Köln					
262		Liber poenitentialis juxta Ss. patrum scripta	1477?	Köln					
309		Manipulus curatorum	1476	Köln	Bar-thol[omaeus] de Unckel				
318		Manipulus curatorum	1475?	Köln	Heinrich Quentel				
263		Manipulus curatorum	1478	Köln	Homburg				
360		Manuale s. Augustini	1475?						
367		Modus confitendi	1478	Mainz	Schiffer				

366		Ordo rubricarum pro officio divino per annum ...		Mainz	Just oder Schiffer			
323		[H]ortus sanitatis	1491	Mainz				
307		Paradisus conscientiae	1475	Köln	Therhoernen			
364		Passio sive historia undecim millium virginum ...						
365		Passio sive legenda s. Barbarae ...	1490?					
359		Quaestio, utrum liceat pueros ante puberatem ad religionis ...	1475?	[Köln]	Therhoernen			
264		Quaestiones utiles presbyteris et studentibus	1642?	Köln				
324		Regula ordinationis et constitutionis cancellariae ...	1471					
355		Sermo pro feria VI. parasceve ...	1479	Köln	Guldenschaff			
306		Summe collationum ad omne genus hominum	1472	[Köln]	Therhoernen			
285		Tabula sive collectio capitum operum s.	1473	Köln	Therhoernen			
280		Tabula sive collectio capitum operum s.	1473					
265		Tractatus de contractibus et vitalitiis	1470					
362		Tractatus de Turcis	1475					
301		Utriusque juris concordantia juxta decretalium	1470?					
317		Varia facta historiae sacrae	1481	Gouda				

1802 J.-B. Maugérard: »Liste des livres et manuscrits ...«[14]

Liste des **livres** et manuscrits, que le Citoyen Maugérard, Commissaire des Sciences et Arts, a choisis pour la Bibliothèque nationale.[15]

Liste der **Bücher** und Handschriften, die der Bürger Maugérard, Kommissar für Wissenschaft und Kunst, ausgewählt hat für die Nationalbibliothek [in Paris].

Seite	Autor	Titel	Jahr	Ort	Drucker	Erläuterung
1		Biblia Bohemica	1488	Prag		
1		Biblia sacra Latina	1464			
1		Biblia sacra Latina			Barthol. Golsch	von Hohenwart
4		Ceremoniarum nigrorum monachorum ...				OSB Bursfeldensi
3		Elegantiarum praecepta	1487	Buscoduis[?]		
2		Epistola varia de Cicerone et al.	1474?			
3		Expositio symboli Athanasii	1481	Trier		
3		Historia de gestis trium regum	1481	Köln	Barthol. de Unckel	
3		Historia nova 11 millium virginum nuper revelata	1473?		Gerson	

---

[14] Autograph, Fundstelle: ULB Bonn, s.o.
[15] Siehe Abbildung 2.

		Lectionarium de tempore	1479	Erfurt	Kloster St. Petrus	
2		Passio domini nostri	1513	Straßburg	Hupfuss	
7		Pharetra doctorum			Fridericus Cremper[?]	
2		Psalterium hebraicum	1518	Köln		graecum, chaldaicum, latinum
2		Psalterium quintuplex	1516	Turin		
7		Recollectorium ex gestis Romanorum ...	[1493]			
5		Revelationes facta S. Methodio ...	1504		Seb. Brant	
3		Tractatus Elegii de duobus amantibus				by Baptista Guarinus
5	[Baptistae] Guarini	de ordine studendi et modis orandi	1477			aus Verona
7	[Johannes Herolt]	Promptuarium de miraculis BMV			Zell	
7	[Johannes Herolt]	Promptuarium exemplorum discipuli				
7	[Johannes Herolt]	Sermones discipuli [de tempore et] de sanctis				
8	Alberti Magni	de secretis mulierum				
7	Alberti Magni	Sermones de tempore et de sanctis	1482		Zell	
7	Alberti Magni	Sermones de tempore et de sanctis	1474?	Rutlingen	Michael Griff/Griss[?]	
7	Augustini	de meditatione				
3	Augustini Dachi*	de variis loquendi figuris				
7	Cassiani	Gesta Romanorum			Lichtenstein	
7	Cassiani	Opera	1485	Basel		
4	Chrisostomi	Liber de eo, quod nemo leditur				
7	Cotelerii	ss. patrum opera	1724	Amsterdam		
5	Edmundus Martène	Monasterii Stabulensis ... iura propugnata	1730	Köln		

15

7	Felicis Egger	Idea hierarchiae bene-dictinae	[1715?]			
4	Gersonis	Quaestio notabilis de custodia linguae				
8	Guilberti Tornacensis	Sermones		Löwen	Joan de Westphalia	aus Tournai
8	Jacobi de Theramo	Lis Christi et Belial co-ram Salomone	1474?			dt. Straßburg (Prüß) 1508
7	Jeronimus	Vita sanctorum pa-trum			Fridericus Crem-per[?]	
7	Joannis	Summa, übersetzt von Bergtold	1482	Augsburg	Sorg	
4	Joannis Nider	Consolatorium timo-ratae conscientiae	1476[?]			
7	Johannis [Ebser]	Onus eccclesiae	1531	Köln	Quentel	eigtl. von Berthold Pürstinger
7	Johannis [Ebser]	Theologia Germaniae	1529	Saalfelden		eigtl. von Berthold Pürstinger
8	Kaisersberg	[Über das] Narren-schiff [des S. Brant]	1520	Straßburg	Grieningen	d.i. Johann Geiler von Kaysersberg
8	Kaisersberg	Postil[l]	1522	Straßburg	Schott	d.i. Johann Geiler von Kaysersberg
3	Kamitii Arusiensis	Tractatus de regimine pestilentiis				d.i. Bf. Kamitus von Arhus
6	Maphei Vegii	Dialogus inter Alithiam et Philaliten			Jacobus de Breda	
8	Nicolai de Cusa	Opera				
7	Petri Comestoris	Historia scholastica	[1450?]	[Wesel?]	Zell	
3	Pii II.	Epistola de remedio amoris	1476	Wien		
4	S. Ambrosii	libri 3 de officiis				
8	Sensati	Sermones	1482	Gouda	Gerard Leeu	
5	Stöffleri+Pflaum(en)	Ephemerides 1422-1431	1499			Johannes Stöffler (Justingen),
5	Stöffleri+Pflaum(en)	Ephemerides 1431-1451	1531	Tübingen	Ulrich Morhart	Jakob Pflaum (Ulm)
5	Theodor de la Haye[?]	Allegationes juris et facti	1718			

Liste des livres et **manuscrits**, que le Citoyen Maugérard, Commissaire des Sciences et Arts, a choisis pour la Bibliothèque nationale.	Liste der Bücher und **Handschriften**, die der Bürger Maugérard, Kommissar für Wissenschaft und Kunst, ausgewählt hat für die Nationalbibliothek [in Paris].

Die Handschriften beinhalten zahlreiche inhaltliche und formale Hinweise auf das Benediktinerkloster Maria Laach, sie dürften demnach aus dessen Besitz stammen. Am 10.09.1801 war das Kloster von der französischen Verwaltung enteignet worden, im August des folgenden Jahres wurde es aufgehoben, der bewegliche Besitz ging teils in Privateigentum, teils in Staatseigentum über. Siehe auch (Fertig, 1907, S. 3 f)

1. **CODEX** membr[anaceus] in fol[io] sanus et integer scriptus per fratrem Valerium[16] de Meyen anno 1556, ut fert 1mum folium, licet scriptura videatur anterior. Hic codex continet varia poemata et opera celebris Hroswitha[17] monialis ord[inis] s[ancti] Benedicti in Abbatia de Gandesheim in Saxonia quae floruit circa 1470. Contenta sunt:

   1.1. Poema heroico carmine descriptum ad Gerbergam[18] Abbatissam suam de vita et conversatione beatae virginis.

   1.2. De ascensione Domini eodem metro lib[rum] 1

---

[16] d.i. Valerius von Mayen (1480-1556).

[17] Hrotsvit von Gandersheim, auch Hrotsvith, Hrosvith, Hroswitha, Roswith genannt, lateinisch Hrotsvitha Gandeshemensis, modernisiert Roswitha von Gandersheim, (* um 935; † nach 973) war Kanonisse des Stiftes Gandersheim.

[18] Gerberga von Gandersheim, auch Gerbirg, Gerburg, (* um 940; † 13./14. November 1001 in Stift Gandersheim) war die zweite Tochter des bayerischen Herzogs Heinrich I. und dessen Gemahlin Judith von Bayern. Von 949 bis 1001 war sie Äbtissin des Stiftes Gandersheim.

1.3. Lib. 1 de sancto Gangolpho

1.4. Lib. 1 de passione s. Pelagii in cordula

1.5. Lib. 1 de lapsu Theophili et ejus poenitentia

1.6. Lib. 1 de lapsu ejusdem juvenis per s. Basilium conversi

1.7. De passione sancti Dionisii episcopi et martyris

1.8. De passione sanctae Agnetis

    1.8.1. Omnia praedicta eleganti carmine composuit. Scripsit praeterea

1.9. Comoediae sex, quorum prima inscribitur Conversio Gallicani principis, passionem Joannis et Pauli martyrum includens, 2da passio Agapis Chioniae et Hyrenae[19] virginum, 3tia resuscitatio Calimachi et Drusianae per s. Joannem, 4ta conversio Thaidis meretricis, 5ta passio sanctarum virginum fidei spei et charitatis, 6ta lapsus et conversio Mariae neptis Abraha[ma]e heremicolae.

1.10. Gesta Ottonis primi lib. 1

1.11. Psichomachiam[20] Aurelii Prudentii contra Symachum lib. 2 metrice

1.12. Passionem apostolorum Petri et Pauli metrice

1.13. Elegiam in Hierosolymam

1.14. Poema ejusdem Episcopi Viennensis[21] de origine mundi

1.15. Poema duobus libris acta apostolorum describens

1.16. Maphei Vegii[22] vitam divi Anthonii

1.17. Hymnus, odas et epigrammata diversa

1.18. Plures epistolas elegantes.

---

[19] Agape, Chione und Irene († 1. April 304 in Thessaloniki) waren drei geweihte Jungfrauen, die während der diokletianischen Christenverfolgung das Martyrium erlitten.

[20] Die Psychomachia („der Seelenkampf") des christlichen Dichters Prudentius (* 348; † nach 405) stellt einen allegorischen Kampf zwischen personifizierten Tugenden und Lastern dar.

[21] d.i. Alcimus Ecdicius Avitus (* um 460; † 5. Februar 518[1] in Vienne), ein spätantiker Bischof und ein Heiliger der römisch-katholischen Kirche.

[22] Maffeo Vegio (latinisiert Mapheus Vegius; * 1407 in Lodi; † 1458 in Rom) war ein italienischer Dichter und Autor des Renaissance-Humanismus.

2. **CODEX** membr. in folio, scriptus in monasterio Lacensi [=Maria Laach] per sex monachos circa 1508. Continet

2.1. Epistolam fratris Joannis Piemontani[23] ad Simonem[24] de Petra abbatem suum de commendatione poesis

2.2. Ad eundem contra ignavos monachos satirarum carmine elegiaco libros tres

2.3. Apologiam ad eundem carmen unum

2.4. Protrepicon ad novicium ejusdem metrici lib. 1

2.5. Panegirion ad Jacobum Sibertum carmen unum

2.6. Carmen panegiricon ejusdem fratris Joannis Piemontani ad Aleydam [=Adelheid] ordinis s. Benedicti in insula Rolandswerth prope Bonnam sanctimonialem

2.7. Carmen stauristichon[?] et epistolam Philippi Haustuli Miltenbergensis, ode ejusdem Saphicon de casibus Joannis Piemontani

2.8. Carmen elegicum panegirium ejusdem ad fratrem Jacobum Sibertum, in quo gratias agit benefactoribus

2.9. Ejusdem Phil[ippi] Hausthuli carmen panegiricum de laudibus illustrium virorum monasterii Lacensis. Ejusdem saphicon ad Valerium Meyen

2.10. Fratris Joannis Botzbagii Miltenburgii prioris in Lacu de laudibus praestantissimi Joannis Triteniy ad Joannem Kitzingium medicae artis doctorem conterraneum suum charissimum microstroma chiliasticon panegiricum epenologicum

2.11. Elegia contra contemptores poetarum

---

[23] Johannes Butzbach, auch Piemontanus (* 1477 in Miltenberg am Main; † 29. Dezember 1516 im Kloster Laach, heute Abtei Maria Laach) war Prior der Abtei Laach und als monastischer Schriftsteller ein bedeutender Vertreter des rheinischen Klosterhumanismus in der Nachfolge seines Vorbildes Johannes Trithemius. Dazu siehe (Fertig, 1907).

[24] Simon von Petra (Simon von der Leyen) (1491–1512), Abt des Klosters Laach.

2.12. Macrostroma id est opus varie contextum de laudibus Tritemii libri septem

2.13. Clipeus qui est elogium Joannis Piemontani ad Gerhardum Baldewinum in suggillationes Jacobi Wymphelingii liber unus

3. **CODEX** membr. in fol. sanus et integer scriptus per Valerium de Meyen cum adjutorio fratrum Joannis de Linz et Joseph de Confluentia. Continet

 3.1. Secundam partem Macrostromatis est operis varie contexti de laudibus philosophicis, physicis et poeticis balemianis[?] per Joannem Butzbagum Piemontanum ad fratrem Jacobum Siberti Juniorum fratrum institutorem libri 16

 3.2. Tractatus ejusdem de regimine Cl[...] ad venerabilem patrem Fredericum abbatem monasterii divi Joannis in Rinckavia[25]

 3.3. Tritemii[26] abbatis [monasterii] s. Jacobi Herbipolensis epistolam ad Joannem Butzbagum Piemontanum priorem in Lacu amicum suum

 3.4. Ejusdem Piemontani epistolam ad Tritemium

  3.4.1. maxime momenti sunt hae duo volumina

4. **CODEX** membr. in fol. sanus et integer scriptus per fratrem Jacobum Sibertum[27]. Continet

 4.1. Praefationem hexametria constantem quorum in initio capitales litterae titulum opusculi sequentis indicant, qui talis est: Epitoma metricum in regulam divi Benedicti abbatis incipit feliciter. Sequitur nunc:

 4.2. Dictum epitoma

---

[25] d.i. das ehemalige Kloster Johannisberg im Rheingau.

[26] Johann Trithemius (1462-1506) war bis zu seinem Tod Abt des Jakobsklosters in Würzburg.

[27] Mönch in Maria Laach, weiter nichts bekannt.

4.3. Canon metricum, quo singulis binis versibus hexametro videlicet et penta-metro materia ac distinctio capitulorum sancta regula benedicta memoriter teneantur per viginti litteras secundum ordinem alphabeti quadrifarie ordina-tas. Canon abbati Leonardo per capita litterarum consecratus est.

4.4. Poema ad Valerium Meyen de 12 gradibus humilitatis secundum regulam sancti Benedicti

4.5. Jacobus Sibertus ad Joannem Tritemium de flagitiis clericorum in prosa

4.6. Item authoritates sanctorum patrum de dignitate ac periculo status clericalis

4.7. Item contra avaritiam clericorum

4.8. Item contra pestilentissimum Symonice vitium

4.9. Item grande periculum clericorum incontinentia de pessimo libidinis vitio

4.10. Item propter votum castitatis aggravatur crimen fornicationis in sacerdo-tibus

4.11. Item quas poenas sustinere deberent, si canonice ut olim punirentur, cum quibusdam exemplis gravissime punitum fuisse id satus in clericis testantibus

4.12. Item gravissimas poenas sacerdotes et clerici fornicarii secundum ca-nones merentur

4.13. Item de malis quibusdam sacerdotibus et eorum miserabili conversatione

5. **CODEX** membran[ace]us in folio scriptus per Valerium Meyen. Continet
   5.1. Epistolam suavi latinitate donatam sorore Aleyda [=Adelheid] sanctimoniali ord. s. Benedicti in insula Rolandswerth, in medio Rheni supra Bonnam, de anno 1506 Joanni de Largomonte[28] et Jacobo Siberti confratribus suis directam
   5.2. Epistolam dicti Siberti ad Joannem Butzbagium praeceptorem summ variorum carminum suorum opus in tres libros principales distinctum ei dedicans

---

[28] Weiter nichts bekannt.

5.3. Joannis Butzbagii panegiricum carmen ad dictum Jacobum Sibertum Lacensem monachum discipulum suum. Sequitur carmen elegiacum panegiricum Philippi Drunk[29] Miltenbergensis ad fratrem Jacobum Sibertum. Item epistola ejusdem ad eundem cum epigrammate commendaticio de libris auctoris

5.4. Carminum variorum liber primus de situ et amoenitate monasterii sancti Joannis Baptista in Rinkavia – item de situet amoenitate monasterii Lacensis – item de bello inter Clivenses et Gebienses - item de obsidione Hussen civitatis Clivensium – item carmina fratris Syberti ad Joannem Piemontanum de diversis hominum calamitatibus et causis earundem – item de bello inter Landgravium et Palatinum habito anno 1508 et potissimum de combustione Limpurgensis cenobii diocesis Spirensis – item lumbratiuncula quaedam fratris Jacobi Syberti in soluta oratione; de fundatione cenobii Lacensis ; de monachorum primitiva conversatione ac defectu eorundem a via disciplinae et rursum de reformatione ejusdem monasterii

5.5. Variorum carminum liber secundus, continet Syberti carmen panegiricum ad Butzbagum – item ad hortationem Joannis Butzbagii ad adolsecentem Philippum, ut Westphaliam petens ibidem litteris det operam – item ad eundem in Westphalia scholas frequentantem carmen elegiacum didastolicon – item Rodolphium Langium Monasteriensem canonicum, poetam et oratorem clarissimum congratulatio – item ad Joannem Mumellium gymnasii Monsteriensis apud Westphaliam ludimagistrum panegoris saphica – item carmen juvenile instructorium, cujus capitales litterae nomen auctoris complectuntur – sic : « Jacobus in Lacu frater de monasterio Eifliae hoc carmen composuit » - item carmen de terrae motione facta in festo Bartholomei, anno domini supra millesimum quingentesimum, quarto – item epigramma in librum praestantissimi

---

[29] Weiter nichts bekannt.

Hermanni Busebii de poetica dignitate contra Zoilum – item de laude justiciae ode Saphica – item multa epitaphia in diversas personas

5.6. Variorum carminum liber tertius continet multa poemata sacra

6. **Codex** membr. in fol. sanus et integer saeculo 12 scriptus, continet sancti Cypriani epistolas

7. **Codex** membr. in folio minori sanus et integer saeculo 13 scriptus, continet sermones 63 beati Bernardi super cantica canticorum[30] - item homelia ejusdem quatuor super evangelium Lucae

8. **Codex** membr. in fol. min. sanus et integer saeculo 13 scriptus, continet :
   8.1. Regulam sancti Augustini de vita clericorum
   8.2. Excerpta ex libris Senecae de beneficiis
   8.3. Glossae super Job
   8.4. De translatione s. Stephani

9. **Codex** membr. in fol. min. sanus et integer saeculo 13 scriptus continet secundam partem excerptorum Haderici Capellani beati Gregorii papa de moralibus ejusdem in expositionem Job a quarto libro ad decimum

10. **Codex** chartaceus in fol. saeculo 15 scriptus, continet :
    10.1.   Jacobi de Vitriaco[31] tractatum super historiam Hiersolymitanam

---

[30] = Hoheslied Salomos.

[31] Jakob von Vitry (lateinisch Iacobus Vitriacensis, französisch Jacques de Vitry, * um 1160/1170 in Reims; † 1. Mai 1240 in Rom) war ein mittelalterlicher Kardinal.

10.2. Poggii[32] facetias vel fabulas scriptas anno 1462

10.3. Historiam mirabilium mundi

10.4. Ludolphi pastoris parochialis in Suchem[?] de terra sancta – item Fretellus[33] archidiaconus de eadem

11. **Codex** chartaceus in fol. saeculo 15 scriptus, continet introductorium in magisterium scientiae astrorum ex Arabico albumasaris in Latinum traductum per Joannem Hipponensem[34]

12. **Codex** chartaceus in fol. saecul. 15 scriptus, continet :

12.1. Nominarium et verbarium Latinum

12.2. Abcdarium Latinum carmine compositum

12.3. Librum moralium antiquorum poetarum et barbarorum quorundam

12.4. Varia carmina

13. **Codex** chartaceus in fol., continet historiam ordinis Cisterciensis ac virorum ipsius illustrium

14. **Codex** autographus in charta anno 1505 scriptus in fol., continet :

14.1. Joannis Piemontani odeporicon bipartitum ad Philippum Haustulum germanum suum

14.2. Joannis Butzbagii de illustribus studiosis doctisque mulieribus libri II

---

[32] Gianfrancesco (oder Giovanni Francesco) Poggio Bracciolini (lateinisch Poggius (Florentinus); * 11. Februar 1380 im heutigen Terranuova Bracciolini; † 30. Oktober 1459 in Florenz) war einer der namhaftesten Humanisten der italienischen Renaissance.

[33] Fretellus Archidiaconus „Liber Locorum Sanctorum Terrae Jerusalem".

[34] Weiter nichts bekannt.

14.3.   Joannis Piemontani opusculum de claris pictricibus ad Gertrudem[35] sanctimonialem in insula Rolandi

14.4.   Philippi Haustuli epistolam ad Joannem Butzbagum de situ et amoenitate monasterii Brunbacensis[36]

14.5.   Auctarium Jo. Butzbagii in librum Joannis Tritremii de scriptoribus ecclesiasticis

14.6.   Silvula carminum fratris Joannis de Euskirchen coenobitae Rinkangiensis ad Joannem Butzbagum

15. **Codex** chartaceus in folio saeculo 15 incipiente scriptus, continet Prothostroma epanologium panegiricum prosaicum de laudibus Tritemianis in XIV libris, codex autographus

16. Duo **codices** mebr. in fol. maj. sani et integri in monasterio Lacensi scripti saeculo XII incipiente per Lambertum Hafflingen[37] hujus loci professum, continent homilias et sermones sanctorum patrum in dominis et festivis diebus per totum annum

17. **Codex** membr. fol. maj. sanus et integer saeculo 12 scriptus ab eodem Lamberto Affligen continens epistolas beatissimi Hieronimi et plures tractatus sive minora opera ejusdem Hieronimi in modum epistolarum transmissa

18. **Codex** membr. in fol. sanus et integer saeculo 12 deficiente vel 13 scriptus per Giselbertum priorem Lacensem continens Hyeronimi presbiteri explanationem in Isaiam prophetam libri 18

---

[35] Gertrudis von Buchel Äbtissin von Rolandswerth 1507 – 1543.

[36] Das ehemalige Zisterzienser Kloster Bronnbach.

[37] Kloster Hafflingen bei Aalst (B).

19. **Codex** membr. in fol. sanus et integer saeculo 13 nitide scriptus per fratrem Henricum, in quo continetur Angelomi[38] monachi Luxoviensis expositio in 4 libros regu[…]

20. **Codex** membr. in fol. sanus et integer saeculo 12 deficiente scriptus, continet modum de observatione Sinodi – item canones Ivonis Carnotensis[39] episcopi in deum libros distinctos – item chronicon Romanorum pontificum ad Adrianum usque – item concilia et decreta pontificum Romanorum aliorumque sanctorum patrum

21. **Codex** chartaceus in folio, continet rituale monasticae hyparchiae coenobii Lacensis, usus, consuetudines et ritus vetusto more observari solitos, referent ; in usum hyparchi per f. j. Augustinum, ejusdem coenobii abbatem contextum, una cum catalogo abbatum Lacensium a prima fundatione usque ad nostra tempora

22. **Codex** membr. in 4° saeclo 12 scriptus, in quo continetur medulla divinarum sententiarum – item collectiones canonum Joannis Carnotensis episcopi – item regula abaci ex Bedae volumine abbreviata – item Triecheri[40] episcopi Metensis tractatus de musica

23. **Codex** membr. in 4° saeculo 12 scriptus, continet secundam partem collationum Patherii ex libris s. Gregorii papae

---

[38] = Angelome de Luxeuil (+ 855).

[39] Ivo von Chartres (lat. Ivonis Carnutensis) (c. 1040 – 1115) war Bischof von Chartres.

[40] Vielleicht einer der Bischöfe mit Namen „Dietrich"?

24. **Codex** membr. in 4° sanus et integer saeculo12 scriptus per fratrem Henricum Monasteriensem, in quo continentur sermones Petri Comestoris ad Claustrales

25. **Codex** membr. in 4° sanus et integer saeculo 12 deficiente scriptus, in quo continentur excerpta de libris Hebraicarum questionum beati Jeronimi presbiteri in Genesim et primum librum regum – item expositio vocabulorum omnium librorum veteris testamenti

26. **Codex** membr. in 4° sanus et integer saeculo 12 deficiente scriptus, in quo continentur instituta sanctorum patrum a Joanne Cassiano[41] monacho edita in quatuor libris – item octo libri ejusdem de octo vitiis capitalibus – item Crisostomus de reparatione lapsi

27. **Codex** membr. in 4° sanus et integer saeculo 13 incipiente scriptus, in quo continentur varia s. Anselmi opuscula nempe : « Cur deus homo », per modum dialogi – item liber de conceptu virginali et penato originali – item tractatus de fide et incarnatione verbi contra Judeos ad Urbanum papam – item disputatio domini Giselberti praepositi coenobii Ubest[?] in Anglia ordinis sancti Benedicti contra Judeos ad s. Anselmum – item dialogus inter gentilem et [...]lianum etc.

28. **Codex** membr. in 4° sanus et integer saeculo 13 scriptus, in quo continetur summa philosophiae de substantiis rerum per Wilhelmum de Conchis[42] in sex libros distinctus, cum figuris

---

[41] Johannes Cassianus (auch: Johannes von Massilia; * um 360 † um 435 in Massilia/Marseille) war christlicher Priester, Mönch („Wüstenvater"), Abt und Schriftsteller.
[42] Wilhelm von Conches (lateinisch Guilelmus de Conchis; * um 1080/1090 in Conches-en-Ouche in der Normandie; † nach 1154) war ein mittelalterlicher Philosoph.

29. **Codex** membr, in 4° sanus et integer saeculo 13 scriptus per fratrem Walravum, in quo continentur octo libri Gregorii Naziazeni[43] episcopi scilicet apologeticus liber unus – item de epiphaniis sive natali domini liber unus etc.

30. **Codex** membr. in 4° anno 1511 scriptus per fratrem Valerium de Meyen, in quo continetur relatio sive peroratio Joannis Piemontani prioris Lacensis de laudibus et virtutibus Jacobi de Fredis[44] sui commonachi et vice prioris, id est ipsius vita

31. **Codex** membr. in 4° seaculo 13 scriptus, in quo continentur epistolae Ivonis Carnotensis episcopi[45]

32. **Codex** membr. in 4° saeculo 13 scriptus in Lacu per fratrem Godfridum Bonnensem, in quo continetur sigillum beatae Mariae virginis per Honorium Augustudunensis[46] ecclesiae presbiterum, in quo exponuntur cantica canticorum duplici explanatione

33. **Codex** membr. in 4° saeculo 13 scriptus, in quo continentur varia de icto solari[?], de grammatica Graeca et Latina, de arte medendi sive liber medicinalis per Quintum Serenum[47] in prosa ligata ad calcem habetur de morbo regio pellendo

---

[43] Gregor von Nazianz (* um 329 † 25. Januar 390), war Bischof von Sasima in Kappadokien und mit Basilius dem Großen und dessen Bruder Gregor von Nyssa einer der drei kappadokischen Väter.

[44] Hier wurde „Freysig" überschrieben mit „Fredis": Jakob von Vreden (ca. 1439 - 1511) war ab 1474 Prior in Maria Laach.

[45] Neu geschrieben an Stelle von „varia de ciclo satari, de grammatica Graeca"

[46] Honorius Augustodunensis, auch Honorius von Autun (* ca. 1080; † 1150 oder 1151) war ein Benediktinermönch und später Inkluse, er stammte vermutlich aus Irland. Er verfasste theologische, philosophische und enzyklopädische Schriften, Streitschriften zur Kirchenreform und biblische Kommentare.

[47] Quintus Serenus war ein römischer Medizinschriftsteller. Die Datierungen seiner Lebenszeit schwanken zwischen dem 2. und dem 4. Jahrhundert.

1802 J.-B. Maugérard: »Liste des principales éditions du 15 siècle qui manquent à la Bibliothèque nationale«[48]

Liste des principales éditions du 15 siècle qui manquent à la Bibliothèque nationale.

Liste der wichtigsten Ausgaben des 15. Jahrhunderts, die in der Nationalbibliothek [in Paris] fehlen.

#	Nr.	Autor	Titel	Fo-mart	Jahr	Ort	Zusatz
1	125	*	Mametractus	folio	1470	Berona	d.i. Munster (CH), Drucker Elyas
2	10	*	Attila flagellum dei	4o	1472		
3	13	*	Biblia Latina	folio		Bamberg	
4	14	*	Biblia Latina Italiana	folio	1474		
5	48	*	Gloria mulierum Italiae	4o	1471	Venedig	Nicol. Jenson
6	52	*	Historia quomodo B. Franciscus petivit a Christo indulgentiam ...	folio	1470		[Joh.Reinhard von Oedingen]
7	68	*	Luctus Christianorum	4o	1471	Venedig	Jenson
8	124	*	Mametractus	folio	1470	Mainz	
9	75	*	Missale Romanum	folio	1475	Rom	
10	84	*	Panegyrici veteres Latine	4o	1476	Mailand	
11	85	*	Panegyrici veteres Latine	4o	1477		
12	86	*	Parole devote dell'anima	4o	1471	Venedig	[Jenson]
13	126	*	Psalmorum codex	folio	1457	Mainz	
14	97	*	Psalterium Graece	4o	1486	Venedig	
15	96	*	Psalterium Latine	4o	1478	Messina	
16	122	*	Vita de Merleno	folio	1480	Venedig	
17	123	*	Vocabularius Germanice Latinus	folio	1469	Eltwil	

[48] Autograph, Fundstelle: ULB Bonn; sortiert nach Autor/Titel/Jahr.

18	49	[Andrea da Barberino]	il Guerinn meschino	4o	1482	Mailand	
19	1	Aesopi	Fabulae Graece	4o	*	*	vetus editio
20	2	Aesopi	Fabulae Graece Latine	4o	1497	regii	
21	3	Aesopi	Fabulae Italice	4o	1487	Brixen	
22	4	Alexandri de Villadei	Grammatica	folio	1473	Vendeig	
23	5	Antonini	Confessionale	4o	1472	in monte regali	d.i. Mondovi (Piemont)
24	6	Apollonio de Tyro	la storie	4o	1489		
25	7	Aristeus	super 70 interpretes	4o	1474	Neapel	
26	8	Asculano	l'acerba	4o	1474	Venedig	
27	9	Asculano	l'acerba	4o	1484	Venedig	
28	11	Augurelli	carmina	4o	1487		
29	12	Avicenna	Opera	folio	1489	Ferrara	
30	16	Bocaccio	il decamerone	folio	1471	Venedig	
31	15	Bocaccio	il decamerone	folio	1476	Mailand	Zarotus
32	17	Bocaccio	il decamerone	folio	1476	Bologna	Oggonidus
33	18	Bocaccio	il decamerone	folio	1478	Vicenza	Nono
34	19	Bocaccio	il philocolo	folio	1472	Magouza	Johannes Petrus
35	20	Bocaccio	il philocolo	folio	1485	Venedig	
36	24	Bocaccio	La Fiametta	4o	1480		
37	22	Bocaccio	Labyrintho d'amore	4o	1487	Florenz	
38	23	Bocaccio	L'amazonide ferrariae	4o	1475		
39	21	Bocaccio	Ninphale	4o	1477	Venedig	Tomaso d'Alexandria
40	25	Boetius	De consolatione philospohiae	4o	1474	Sachsen	
41	26	Boetius	De consolatione philospohiae	folio	1479	Pignerol	
42	26b	Caesaris	Commentariae	folio	1469	Rom	
43	27	Callimachi	Hymni Graece litteris coepit	4o			
44	27b	Catullus, Tibullus, Propertius	[Carmina]	folio	1472	Venedig	
45	27c	Catullus, Tibullus, Propertius	[Carmina]	folio	1475	Venedig	
46	28	Chrisolare[?]	Erotomata Graece	4o			plusieurs editions
47	29b	Ciceronis	de officiis	4o	1465	Mainz	
48	20c	Ciceronis	de officiis	4o	1466	Mainz	

49	30	Ciceronis	de officiis	folio	1472	Venedig	
50	31	Ciceronis	de officiis	folio	1476	Mailand	Ant. Zarotus
51	32	Ciceronis	de officiis	folio	1479	Neapel	
52	38	Ciceronis	de oratore	folio	1470	Venedig	Vindel[inus] de Spira
53	38b	Ciceronis	de oratore	4o	1471	Venedig	
54	38c	Ciceronis	de oratore	folio	1477	Mailand	Lavagna
55	37b	Ciceronis	de oratore	4o	1469?	Rom	
56	32b	Ciceronis	Epistolae familiares	folio	1467	Rom	
57	32c	Ciceronis	Epistolae familiares	folio	1469	Rom	
58	32d	Ciceronis	Epistolae familiares	folio	1472	Rom	
59	33	Ciceronis	Epistolae familiares	folio	1472	Mailand	Philipp de Lavagna
60	34	Ciceronis	Epistolae familiares	folio	1472	Mailand	Philipp de Lavagna
61	35	Ciceronis	Epistolae familiares	folio	1477	Mailand	Lavania
62	36	Ciceronis	Epistolae familiares				
63	29	Ciceronis	Opera philosphica	4o	1469	Rom	Ulrich Han
64	41	Ciceronis	Philippicae orationes	folio	1478	Mailand	Lavagna
65	39	Ciceronis	Rhetorica	folio	1474	Rom	Vind. de vella
66	40	Ciceronis	Rhetorica	folio	1477	Mailand	Philipp de Lavagna
67	40b	Ciceronis	Rhetorica	folio	1479	Mailand	Paebel?
68	37	Ciceronis	Topica & partitiones	4o	1472		
69	42	Claudianus	[Opera]				
70	43	Conti	La bella mane	4o	1474	Venedig	
71	44	Cornelius Nepos	[Opera]	folio	1473	Venedig	
72	44b	Dante	[Opera]	folio	1472	Mantua	
73	45	Dante	in civitate exii	folio	1472		
74	46	Fiore	di ...	4o	1474	Venedig	
75	47	Gafurius	Opus theorium harmonicae disciplinae	4o	1480	Neapel	
76	50	Hesiodi	Opera & theoretici Idilia Graece	folio			vetus editio
77	53	Homeri	Batrachomyomachiae Graece	4o	1486	Mailand	
78	54	Homeri	Batrachomyomachiae Latine	4o	1470	Verona	
79	54c	Horatius	[Opera]	folio	1474	Mailand	
80	55	Horatius	[Opera]	folio	1474	Ferrara	
81	56	Horatius	[Opera]	4o	1474	Neapel	Arnold de Bruxelles
82	57	Horatius	[Opera]	folio	1477	Mailand	Lavania
83	54b	Horatius	[Opera]	4o			... editions
84	51	Hygini	Astronomicon poeticon	4o	1475		Ferravice
85	59	Juvenalis	Satyrae	folio	1470		

86	60	Juvenalis	Satyrae	4o	1473	Ferrriae	Andr. Gallus
87	61	Juvenalis, Persii	Satyrae	folio	1479	Mailand	Philipp de Lavagnia
88	58	Juvenalis, Persii	Satyrae	4o	sans date	Rom	Ulrich Gallus
89	63	Lascaris	Grammatica Graece	4o	1476	Mailand	
90	64	Lascaris	Grammatica Graece	4o	1480	Mailand	
91	65	Lascaris	Grammatica Graece	4o	1489	Vicenza	
92	62	Leoniceni	(omni boni) grammatice Latine			Venedig	Jacob Gallus
93	65b	Livius Titus	[Opera]	folio	1478	Mailand	
94	66	Lucanus	[Opera]	folio	1477	Mailand	Ant. Zarotus
95	67	Lucretius	[Opera]	folio	1473	Brixen	Thom. Ferrand
96	69	Manfredi	Liber de homine	4o	1478	Neapel	
97	71	Martialis	Epigrammata	4o	1471	Ferrariae	
98	72	Martialis	Epigrammata	folio	1478	Mailand	Lavagnia
99	70	Martialis	Epigrammata	folio			vetus editio
100	74	Massucio	???	folio	1484	Venedig	Battista de Coctis
101	73	Massucio	Le cinquante novelle	folio	1476	Neapel	
102	76	Montagnana	Consilia	folio			vetus editio
103	77	Morlini	Novellae	4o	1520		
104	78	Musaeus	Graece Litt. Capit.	4o			
105	80	Nonnius Marcel-lus		folio	1478	Venedig	
106	79	Nonnius Marcel-lus		folio			vetus editio
107	82b	Ovidii	Methamorphoses	folio	1475	Mailand	
108	82	Ovidii	Opera omnia, 2 volumes	folio	1477	Parma	Corallus
109	80b	Ovidii	Opera, 2 volumes	folio	1471	Rom	
110	80c	Ovidii	Opera, 2 volumes	folio	1471	Bologna	
111	81	Ovidii	Opera, 2 volumes	folio	1477	Mailand	
112	83	Pacifici Maximi	Opera	4o	1489	Florenz	
113	87	Perolti	Grammatica	folio	1473	Rom	
114	88	Perolti	Grammatica	folio	1474	Rom	
115	89	Persii	Satyrae	4o			vetus editio
116	90	Petrarcha	[Opera]	folio	1477	Mailand	Ant. Zarotus
117	91	Petrarcha	[Opera]	folio	1477	Neapel	Arnold de Bruxelles
118	92	Plinii	Epistolae	folio	1478	Mailand	Philipp de Lavagna
119	93	Poggii	Facetiae	4o	1471	Ferrrara	

120	94	Potentone	(la Catiniadi)	8o	1482	Credenti	
121	95	Prisciani	Opera	folio	1472		
122	98	Pulci	il Druideo	4o	1479	Florenz	
123	99	Pulci	il Druideo	folio	1488	Florenz	
124	100	Quintus Curtius	[Opera]	folio	1474	Venedig	
125	101	Quintus Curtius	[Opera]	folio	1475	Mailand	
126	102	Quintus Curtius	[Opera]	folio	1475	Mailand	
127	103	Sabandive	Decreta	folio	1477	Turin	
128	104	Sabini	Paradoxa in Juvenalem	folio	1474	Rom	
129	105	Sacrobosco	Sphera mundi	4o	1472	Ferrara	
130	107	Sallustius	[Opera]	folio	1474	Mailand	Ant. Zarotus
131	108	Sallustius	[Opera]	folio	1475	Brixen	
132	109	Sallustius	[Opera]	folio	1479	Mailand	Ant. Zarotus
133	106	Sallustius	[Opera]	folio	1470?		
134	110	Scriptores	De re militaria	4o	1478	Rom	Eucharius Silber
135	109b	Seneca	Opera	folio	1475	Neapel	
136	111	Servius	De ultimus syllabis	4o	1476	Calii	
137	112	Statri	Achilliis	4o	1476	Parma	Steph. Corallus
138	113b	Terentius	[Opera]	folio	1472	Rom	
139	114	Terentius	[Opera]	folio	1476	Mailand	
140	113	Terentius	[Opera]	folio			vetus editio
141	115	Theoriti	Idilia Graece	4o			vetus editio
142	116	Turrecremata	Meditationes	folio	1467	Rom	[Ulrich Han]
143	116b	Turrecremata	Meditationes	folio	1479	Mantua	
144	117	Vegetius	De re militari	folio	1488	Pisciae	
145	117b	Virgilius	[Opera]	folio	1469	Rom	
146	117c	Virgilius	[Opera]	folio	1472	Venedig	Adam
147	119	Virgilius	[Opera]	folio	1473	Brixen	
148	120	Virgilius	[Opera]	folio	1476	Mailand	Ant. Zarotus
149	120b	Virgilius	[Opera]	folio	1476	Löwen	
150	120c	Virgilius	[Opera]	folio	1476	Mutinae	
151	121	Virgilius	[Opera]	folio	1478	Mailand	Pachel
152	121b	Virgilius	[Opera]	folio	1479	Parma	Portilliae
153	118	Virgilius	[Opera] 2 volumes	folio	1472	Venedig	Jacob. Frisianus
154	121c	Virgilius	[Opera] cum Comment. Servii	folio	1471	Venedig	
155	121d	Virgilius	[Opera] cum Comment. Servii	folio	1471	Florenz	

N[ota] b[ene] en général tous les livres imprimes sur vélin.
Signé [Jean-Augustin] Capperonnier[49] et [Joseph] Van Praet[50]
Pour copie conforme
Commissaire général du Gouvernement
[gez.] Jeanbon St. Andre

---

[49] Direktor der Bibliothèque nationale.
[50] Leiter der Druckschriftenabteilung der Bibliothèque nationale.

1803 Nov 01 Liste der von Maugérard den geistlichen Korporationen des Roerdepartements entnommenen Manuskripte[51]

Codices manuscripti
Departement de la Roer

#		continet
155	Codex chartaceus, 2 vol. fol. saec. 15, nitide scriptus	revelationes S[anctae] Birgittae
156	Pandectae et liber simplicium medicinalium codex chartaceus, saeculo 15, artide scriptus	
157	Codex chartaceus nitide, saec. 15	collectionem variarum concionum belgice scriptarum
158	Codex chartaceus in fol., saeculo 15 scriptus	varia opuscula pia
159	Codex chartaceus fol. saec. 15 scriptus	varias conciones belgice scriptas
160	Codex chartaceus anno 1533 scriptus in fol.	sermones sive commentaria
161	Codex chartaceus anno 1431 scriptus	
		Michaelis de Hanoveralta tractatum de urinis
		Antonium de Geyneriis de febribus, peste et venenis
		Variorum consilia in variis morbis
162	Codex chartaceus fol. saec. 15 scriptus	vitam S. Antonii per Evagrium[52]
163	Codex membraneus saec. 13 scriptus	martirologium
164	Codex chartaceus in fol. saec. 16 scriptus	Trithemii abbatis chronicon sive seriem abbatum monasterii Spanheimensis, cui praefuit ab anno 1483 ad annum 1506; quo post resignationem factus est abbas S. Jacobi Herbipolensis
165	Codex circa 1460 belgice scriptus cum figuris	varia opuscula pia

---

[51] Fundstelle: (Vollmer, 1937, S. 131 f).

[52] Evagrius, Bischof von Antiochien, † etwa 393, Übersetzer des Lebens des h. Antonius von Athanasius. Vgl. M. Buchberger, Kirchliches Handlexikon.

166	Codex membraneus in 4° circa 1490 belgice scriptus	S. Eusebii varias epistolas de S. Jeronimo
167	Varii sermones belgice scripti circa 1470 in 4°	
168	Codex chartaceus circa 1460 scriptus	opus de vita Christi
169	Codex chartaceus in 4° circa 1460 scriptus	revelationes Sanctae Mechtildis
170	Codex chartaceus in fol. circa anno 1400 scriptus	varia statuta sinodalia archiepiscoporum Coloniensium ab anno 1260 ad annum 1427
171	Codex chartaceus in 4° a 100 annis circiter scriptus	varia secreta sive operationes Chimiae
172	Codex chartaceus in 4° anno 1680 a quodam franciscano scriptus	
		1° Chronicon civitatis Hildesiensis
		2° quomodo Lutheranismus fuerit ibi introductus
		3° quot acerba catholici regulares praesertim a Lutheranis passi sint
173	Codex membraneus in 4° in monasterio canonicorum regularium Aquensium anno 1501 piissime scriptus	modum juvandi et hortandi morti proximos
174	Codex chartaceus in 4° circa anno 1500 scriptus	primam originem ordinis fratrum Sanctae Crucis, ejus abolitionem, ejus restitutionem, confirmationem, privilegia
175	Codex chartaceus circa anno 1500 scriptus in 4°	
		1° Dionisii carthusiani Ruremondensis dialogum de duplici judicio
		2° Revelationem factam anno 1196 cuidam monacho ordinis S. Benedicti in Anglia de poenis inferni et gaudiis paradisi
		3° Visionem imperatoris Caroli {regis Germanorum, patricii Romanorum et imperatoris Francorum} post celebratum matutinum, dum ratione pausationis iret cubitum et vellet carpere somnum
		4° Visionem Tundali ad Cunegundem abbatissam
176	Codex membraneus	regulam pro canonicis in concilia Aquisgranensi sub Carolo Magno decretam, fol.

Les imprimés relatés etc. dessus depuis le No. 410 jusqu'à 644 et les manuscrites depuis le No. 155 jusqu'à 176 sont la totalité de ce, que j'ai choisi dans les corporations du Departement de la Roer sans ce, qui reste a choisir a l'ecole centrale de Cologne dans la masse des bibliothèques des corporations de Cologne qui y sont entassées.

A Aix la Chapelle le 9 Brumaire an 12.

Maugérard

commissaire du Gouvernement pour objets de Sciences et Arts.

Liste

des livres et manuscrits,
que le Citoyen Maugérard Commissaire
des sciences et arts a choisis pour la Bibliothèque
nationale.

Biblia bohemica in gratiam Moravorum edita Praga 1488
fol. Editio magna raritatis, splendidum exemplar.
Vid. Bibliotheca librorum rariorum auctore Bauer

Biblia sacra latina, duo Exemplaria, quorum unum procul
dubio versus annum 1464 vel 65 prodiit. Adest
nullus titulus, et hoc ex more antiquissimorum
librorum littera nulla initiales seu capitales,
nisi quas variis coloribus distinctas adpinxit
miniculator sive illuminator initio librorum et
capitulum, neque folia neque pagina in parte
superiori numerantur, nulla plagula signaturis
signata, nulli custodes sive voces paginæ sequentis indices adpositi, nulla distinctiones
minores eryx seminula, commata, nulla diplo.
longi nomen urbis typographi, anni tamen
fronte quam in fine libri omissum, quem refor-
tiliter vocalis loco t semper e est impressum,
e.g. moncium pro montium. Singula pagina
in binas columnas dividuntur, nulla adhuc

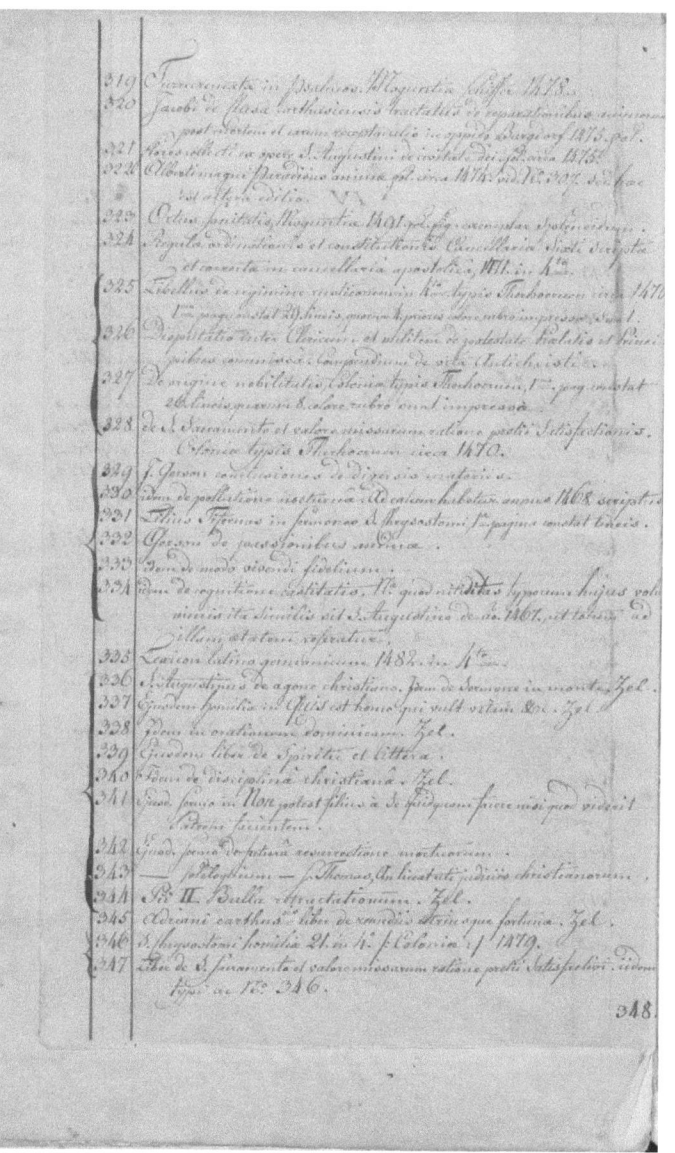

Abbildung 2: Blatt 348

Codex Echternacensis (aus dem Evangelium nach Matth. 8,23)

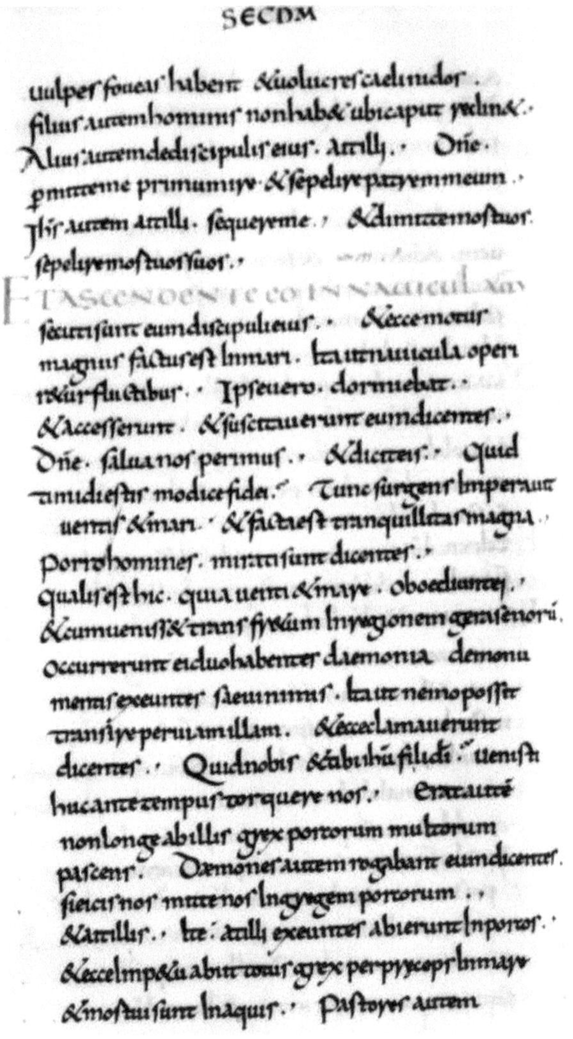

SECDM

uulpes foueas habent & uolucres caeli nidos .
filius autem hominis non habet ubi caput reclinet .
Alius autem de discipulis eius . ait illi . · Dñe .
pmitte me primum ire & sepelire patrem meum . ·
Ihs autem ait illi . sequere me , & dimitte mortuos
sepelire mortuos suos . ·

ET ASCENDENTE EO IN NAUICULAM
secuti sunt eum discipuli eius . · & ecce motus
magnus factus est in mari . ita ut nauicula oper
iretur fluctibus . · Ipse uero . dormiebat . ·
& accesserunt . & suscitauerunt eum dicentes . ·
Dñe . salua nos perimus . · & dicit eis . · Quid
timidi estis modicae fidei . Tunc surgens imperauit
uentis & mari . · & facta est tranquillitas magna . ·
porro homines . mirati sunt dicentes . ·
qualis est hic . quia uenti & mare . oboediunt ei . ·
& cum uenisset & trans fretum in regionem gerasenoru .
occurrerunt ei duo habentes daemonia . de monu
mentis exeuntes saeui nimis . ita ut nemo posset
transire per uiam illam . & ecce clamauerunt
dicentes . · Quid nobis & tibi fili dei . uenisti
huc ante tempus torquere nos . · Erat autem
non longe ab illis grex porcorum multorum
pascens . Daemones autem rogabant eum dicentes .
si eicis nos mitte nos in gregem porcorum . ·
& ait illis . · ite . at illi exeuntes abierunt in porcos . ·
& ecce impetu abiit totus grex per praeceps in mare .
& mortui sunt in aquis . · Pastores autem

Abbildung 3: Matth. 8, 23

«... secuti sunt eum discipuli eius. Et ecce motus magnus factus est in mari, ita ut navicula operiretur fluctibus; Ipse vero dormiebat. Et accesserunt et suscitaverunt eum dicentes: Domine, salva nos, perimus. Et dicit eis: Quid timidi estis modice fidei? Tunc surgens imperavit ventis et mari, et facta est tranquillitas magna. ...»

Handschrift der vier Evangelien aus dem Kloster Echternach, ca. 850-900 n. Chr.; Karolingische Minuskel, Pergament, zuletzt in Mainz.
von Maugérard eingeliefert, in Paris, Bibl. Nat., ark:/12148/btv1b8423827z

Literaturverzeichnis

Braubach, M. (1974). Verschleppung und Rückführung rheinischer Kunst- und Literaturdenkmale 1794 bis 1815/16. *AHVN, 176*, S. 93 ff.

Fertig, H. (1907). *Neues aus dem literarischen Nachlass des Humanisten Johannes Butzbach (Piemontanus).* Würzburg: Stürtz.

Savoy, B. (2006). Krieg, Wissenschaft und Recht. Napoleons Kunstraub in der deutschern Erinnerung um 1915. *Osteuropa, 56*, S. 205 ff.

Traube/Ehwald. (1904). *Jean-Baptiste Maugerard. Ein Beitrag zur Bibliotheksgeschichte.* München: Verlag der k. Akademie.

Vollmer, B. (1937). Die Entführung niederrheinischer Archiv-, Bibliotheks- und Kunstguts durch den französischen Kommissar Maugerard. *AHVN, 131*, S. 120 ff.